OFFICE INTERNATIONAL D'HYGIÈNE PUBLIQUE

CONVENTION SANITAIRE INTERNATIONALE

Signée à Paris le 17 Janvier 1912

(NON ENCORE RATIFIÉE)

En vue d'arrêter les mesures propres à sauvegarder la santé publique
contre l'invasion et la propagation
du choléra, de la peste et de la fièvre jaune.

CORBEIL
IMPRIMERIE CRÊTÉ

1919

CONVENTION SANITAIRE INTERNATIONALE

Signée à Paris le 17 Janvier 1912

SOMMAIRE

TITRE I. — DISPOSITIONS GÉNÉRALES.

CHAPITRE PREMIER. — *Prescriptions à observer par les Pays signataires de la Convention, dès que la peste, le choléra ou la fièvre jaune apparait sur leur territoire*........ 3

SECTION I. — Notification et communication ultérieures aux autres pays........ 3

SECTION II. — Conditions qui permettent de considérer une circonscription territoriale comme contaminée ou redevenue saine........ 5

SECTION III. — Mesures dans les ports contaminés au départ des navires........ 6

CHAPITRE II. — *Mesures de défense contre les territoires contaminés*........ 6

SECTION I. — Publication des mesures prescrites........ 6

SECTION II. — Marchandises. — Désinfection. — Importation et transit. — Bagages........ 7

SECTION III. — Mesures dans les ports et aux frontières de mer........ 9

A. Classification des navires. — B. Mesures concernant la peste. — C. Mesures concernant le choléra. — D. Mesures concernant la fièvre jaune. — E. Dispositions communes aux trois maladies........ 9

SECTION IV. — Mesures aux frontières de terre. — Voyageurs. — Chemins de fer. — Zones frontières. — Voies fluviales........ 18

TITRE II. — DISPOSITIONS SPÉCIALES AUX PAYS D'ORIENT ET D'EXTRÊME-ORIENT.

SECTION I. — Mesures dans les ports contaminés au départ des navires.. 19

SECTION II. — Mesures à l'égard des navires ordinaires venant de ports du Nord contaminés et se présentant à l'entrée du canal de Suez ou dans les ports égyptiens........ 20

SECTION III. — Mesures dans la mer Rouge........ 20

A. Mesures à l'égard des navires ordinaires venant du Sud, se présentant dans les ports de la mer Rouge ou allant vers la Méditerranée. — B. Mesures à l'égard des navires ordinaires venant de ports contaminés du Hedjaz, en temps de pèlerinage........ 20

SECTION IV. — Organisation de la surveillance et de la désinfection à Suez et aux Sources de Moïse........ 24

SECTION V. — Passage en quarantaine du canal de Suez........ 26

SECTION VI. — Régime sanitaire applicable au golfe Persique........ 28

TITRE III. — Dispositions spéciales aux pèlerinages.

CHAPITRE PREMIER. — *Prescriptions générales* 29

CHAPITRE II. — *Navires à pèlerins. — Installations sanitaires* 31

Section I. — Conditionnement général des navires 31

Section II. — Mesures à prendre avant le départ 33

Section III. — Mesures à prendre pendant la traversée 34

Section IV. — Mesures à prendre à l'arrivée des pèlerins dans la mer Rouge 37

A. Régime sanitaire applicable aux navires à pèlerins musulmans venant d'un port contaminé et allant du Sud vers le Hedjaz. — B. Régime sanitaire applicable aux navires à pèlerins musulmans venant du Nord et allant vers le Hedjaz 37

Section V. — Mesures à prendre au retour des pèlerins 40

A. Navires à pèlerins retournant vers le Nord. — B. Pèlerins retournant vers le Sud 40

CHAPITRE III. — *Pénalités* 43

TITRE IV. — Surveillance et exécution.

I. Conseil sanitaire maritime et quarantenaire d'Égypte 45

II. Conseil sanitaire international de Tanger 46

III. Dispositions diverses 46

TITRE V. — Adhésions et ratifications 47

Annexe I. — Règlement relatif au transit, train en quarantenaire, par le territoire égyptien des voyageurs et des malles postales provenant des pays contaminés 48

Annexe II. — Décret khédivial du 19 juin 1893 48

Décret khédivial du 25 décembre 1894. — Arrêté ministériel du 19 juin 1893 concernant le service sanitaire, maritime et quarantenaire 48

OFFICE INTERNATIONAL D'HYGIÈNE PUBLIQUE

CONVENTION SANITAIRE INTERNATIONALE

Signée à Paris le 17 Janvier 1912

(NON ENCORE RATIFIÉE)

Puissances ayant signé la Convention :

Allemagne, États-Unis d'Amérique, République Argentine, Autriche-Hongrie, Belgique, Bolivie, Brésil, Bulgarie, Chili, Colombie, Costa-Rica, Cuba, Danemark, Égypte, Équateur, Espagne, France, Grande-Bretagne et Inde, Grèce, Guatémala, Haïti, Honduras, Italie, Luxembourg, Mexique, Monténégro, Norvège, Panama, Pays-Bas, Perse, Portugal, Roumanie, Russie, Salvador, Serbie, Siam, Suède, Suisse, Turquie, Uruguay.

TITRE I

DISPOSITIONS GÉNÉRALES

CHAPITRE Ier

Prescriptions à observer par les Pays signataires de la Convention dès que la peste, le choléra ou la fièvre jaune apparaît sur leur territoire.

SECTION I. — *Notification et communications ultérieures aux autres Pays.*

ARTICLE PREMIER. — Chaque Gouvernement doit notifier immédiatement aux autres Gouvernements le premier cas avéré de peste, de choléra ou de fièvre jaune constaté sur son territoire.

De même, le premier cas avéré de choléra, de peste ou de fièvre jaune survenant en dehors des circonscriptions déjà atteintes doit faire l'objet d'une notification immédiate aux autres Gouvernements.

Art. 2. — Toute notification prévue à l'article premier est accompagnée ou très promptement suivie de renseignements circonstanciés sur :

1° L'endroit où la maladie est apparue ;

2° La date de son apparition, son origine et sa forme ;

3° Le nombre des cas constatés et celui des décès ;

4° L'étendue de la ou des circonscriptions atteintes ;

5° Pour la peste, l'existence parmi les rats de la peste ou d'une mortalité insolite ;

6° Pour la fièvre jaune, l'existence du *stegomya calopus* ;

7° Les mesures immédiatement prises.

Art. 3. — La notification et les renseignements prévus aux articles 1 et 2 sont adressés aux agences diplomatiques ou consulaires dans la capitale du pays contaminé.

Pour les pays qui n'y sont pas représentés, ils sont transmis directement par télégraphe aux Gouvernements de ces pays.

Art. 4. — La notification et les renseignements prévus aux articles 1 et 2 sont suivis de communications ultérieures données d'une façon régulière, de manière à tenir les Gouvernements au courant de la marche de l'épidémie.

Ces communications, qui se font au moins une fois par semaine et qui sont aussi complètes que possible, indiquent plus particulièrement les précautions prises en vue de combattre l'extension de la maladie.

Elles doivent préciser : 1° les mesures prophylactiques appliquées relativement à l'inspection sanitaire ou à la visite médicale, à l'isolement et à la désinfection ; 2° les mesures exécutées au départ des navires pour empêcher l'exportation du mal et spécialement, dans les cas prévus par le 5° et le 6° de l'article 2 ci-dessus, les mesures prises respectivement contre les rats ou contre les moustiques.

Art. 5. — Le prompt et sincère accomplissement des prescriptions qui précèdent est d'une importance primordiale.

Les notifications n'ont de valeur réelle que si chaque Gouvernement est prévenu lui-même, à temps, des cas de peste, de choléra, de fièvre jaune et des cas douteux survenus sur son territoire. On ne saurait donc trop recommander aux divers Gouvernements de rendre obligatoire la déclaration des cas de peste, de choléra et de fièvre jaune et de se tenir renseignés sur toute mortalité insolite des rats, notamment dans les ports.

Art. 6. — Il est désirable que les pays voisins fassent des arrangements spéciaux en vue d'organiser un service d'informations directes entre les chefs des administrations compétentes, en ce qui concerne les territoires limitrophes ou se trouvant en relations commerciales étroites.

Section II. — *Conditions qui permettent de considérer une circonscription territoriale comme contaminée ou redevenue saine.*

Art. 7. — La notification d'un premier cas de peste, de choléra ou de fièvre jaune n'entraîne pas, contre la circonscription territoriale où il s'est produit, l'application des mesures prévues au chapitre II ci-après.

Mais, lorsque plusieurs cas de peste ou de fièvre jaune non importés se sont manifestés ou que les cas de choléra forment foyer (1), la circonscription peut être considérée comme contaminée.

Art. 8. — Pour restreindre les mesures aux seules régions atteintes, les Gouvernements ne doivent les appliquer qu'aux provenances des circonscriptions contaminées.

On entend par le mot *circonscription* une partie de territoire bien déterminée dans les renseignements qui accompagnent ou suivent la notification, ainsi : une province, un gouvernement, un district, un département, un canton, une île, une commune, une ville, un quartier de ville, un village, un port, un polder, une agglomération, etc., quelles que soient l'étendue et la population de ces portions de territoire.

Mais cette restriction limitée à la circonscription contaminée ne doit être acceptée qu'à la condition formelle que le Gouvernement du pays contaminé prenne les mesures nécessaires : 1° pour combattre l'extension de l'épidémie et 2°, s'il s'agit de peste ou de choléra, pour prévenir, à moins de désinfection préalable, l'exportation des objets visés aux 1° et 2° de l'article 13, provenant de la circonscription contaminée.

---

(1) Il existe un foyer quand l'apparition de cas de choléra au delà de l'entourage du ou des premiers cas prouve qu'on n'est pas parvenu à limiter l'expansion de la maladie là où elle s'était manifestée à son début.

Quand une circonscription est contaminée, aucune mesure restrictive n'est prise contre les provenances de cette circonscription, si ces provenances l'ont quittée cinq jours au moins avant le début de l'épidémie.

ART. 9. — Pour qu'une circonscription ne soit plus considérée comme contaminée, il faut la constatation officielle :

1° Qu'il n'y a eu ni décès, ni cas nouveau, en ce qui concerne la peste ou le choléra depuis cinq jours, en ce qui concerne la fièvre jaune depuis dix-huit jours, soit après l'isolement, soit après la mort ou la guérison du dernier malade ;

2° Que toutes les mesures de désinfection ont été appliquées ; en outre, s'il s'agit de cas de peste, que les mesures contre les rats sont exécutées, et, s'il s'agit de fièvre jaune, que les précautions contre les moustiques ont été prises.

SECTION III. — *Mesures dans les ports contaminés au départ des navires.*

ART. 10. — L'autorité compétente est tenue de prendre des mesures efficaces :

1° Pour empêcher l'embarquement des personnes présentant des symptômes de peste, de choléra ou de fièvre jaune ;

2° En cas de peste ou de choléra, pour empêcher l'exportation des marchandises ou objets quelconques qu'elle considérerait comme contaminés et qui n'auraient pas été préalablement désinfectés à terre, sous la surveillance du médecin délégué de l'autorité publique;

3° En cas de peste, pour empêcher l'embarquement des rats;

4° En cas de choléra, pour veiller à ce que l'eau potable embarquée soit saine ;

5° En cas de fièvre jaune, pour empêcher l'embarquement des moustiques.

CHAPITRE II

Mesures de défense contre les territoires contaminés.

SECTION I. — *Publication des mesures prescrites.*

ART. 11. — Le Gouvernement de chaque pays est tenu de publre immédiatement les mesures qu'il croit devoir prescrire au sujet des provenances d'un pays ou d'une circonscription territoriale contaminée.

Il communique aussitôt cette publication à l'agent diplomatique ou consulaire du pays contaminé, résidant dans sa capitale, ainsi qu'aux conseils sanitaires internationaux.

Il est également tenu de faire connaître, par les mêmes voies, le rétrait de ces mesures ou les modifications dont elles seraient l'objet.

A défaut d'agence diplomatique ou consulaire dans la capitale, les communications sont faites directement au Gouvernement du pays intéressé.

SECTION II. — *Marchandises. — Désinfection. — Importation et transit. — Bagages.*

ART. 12. — Il n'existe pas de marchandises qui soient par elles-mêmes capables de transmettre la peste, le choléra ou la fièvre jaune. Elles ne deviennent dangereuses qu'au cas où elles ont été souillées par des produits pesteux ou cholériques.

ART. 13. — La désinfection ne peut être appliquée qu'en cas de peste ou de choléra et seulement aux marchandises et objets que l'autorité sanitaire locale considère comme contaminés.

Toutefois, en cas de peste ou de choléra, les marchandises ou objets énumérés ci-après peuvent être soumis à la désinfection ou même prohibés à l'entrée, indépendamment de toute constatation qu'ils seraient ou non contaminés :

1° Les linges de corps, hardes et vêtements portés (effets à usage), les literies ayant servi.

Lorsque ces objets sont transportés comme bagages ou à la suite d'un changement de domicile (objets d'installation), ils ne peuvent être prohibés et sont soumis au régime de l'article 20.

Les paquets laissés par les soldats et les matelots et renvoyés dans leur patrie après décès, sont assimilés aux objets compris dans le premier alinéa du 1°.

2° Les chiffons et drilles, à l'exception, quant au choléra, des chiffons comprimés qui sont transportés comme marchandises en gros par ballots cerclés.

Ne peuvent être interdits les déchets neufs provenant directement d'ateliers de filature, de tissage, de confection ou de blanchiment ; les laines artificielles (Kunstwolle, Shoddy) et les rognures de papier neuf.

Art. 14. — Il n'y a pas lieu d'interdire le transit des marchandises et objets spécifiés aux 1° et 2° de l'article qui précède, s'ils sont emballés de telle sorte qu'ils ne puissent être manipulés en route.

De même, lorsque les marchandises ou objets sont transportés de telle façon qu'en cours de route ils n'aient pu être en contact avec les objets souillés, leur transit à travers une circonscription territoriale contaminée ne doit pas être un obstacle à leur entrée dans le pays de destination.

Art. 15. — Les marchandises et objets spécifiés aux 1° et 2° de l'article 13 ne tombent pas sous l'application des mesures de prohibition à l'entrée, s'il est démontré à l'autorité du pays de destination qu'ils ont été expédiés cinq jours au moins avant le début de l'épidémie.

Art. 16. — Le mode et l'endroit de la désinfection, ainsi que les procédés à employer pour assurer la destruction des rats, des insectes et des moustiques sont fixés par l'autorité du pays de destination. Ces opérations doivent être faites de manière à ne détériorer les objets que le moins possible. Les hardes, vieux chiffons, pansements infectés, papiers et autres objets de peu de valeur peuvent être détruits par le feu.

Il appartient à chaque État de régler la question relative au payement éventuel des dommages-intérêts résultant de la désinfection ainsi que de la destruction des objets ci-dessus visés et de celle des rats, des insectes et des moustiques.

Si, à l'occasion des mesures prises pour la destruction des rats, des insectes et des moustiques à bord des navires, des taxes sont perçues par l'autorité sanitaire, soit directement, soit par l'intermédiaire d'une société ou d'un particulier, le taux de ces taxes doit être fixé par un tarif publié d'avance et établi de façon qu'il ne puisse résulter de l'ensemble de son application une source de bénéfice pour l'État ou pour l'administration sanitaire.

Art. 17. — Les lettres et correspondances, imprimés, livres, journaux, papiers d'affaires, etc. (non compris les colis postaux), ne sont soumis à aucune restriction ni désinfection.

En cas de fièvre jaune, les colis postaux ne sont soumis à aucune restriction ni désinfection.

Art. 18. — Les marchandises, arrivant par terre ou par mer, ne peuvent être retenues aux frontières ou dans les ports.

Les seules mesures qu'il soit permis de prescrire à leur égard sont spécifiées dans les articles 13 et 16 ci-dessus.

Toutefois, si des marchandises, arrivant par mer en vrac ou dans des emballages défectueux, ont été, pendant la traversée, contaminées par des rats reconnus pesteux et si elles ne peuvent être désinfectées, la destruction des germes peut être assurée par leur mise en dépôt pendant une durée maxima de deux semaines.

Il est entendu que l'application de cette dernière mesure ne doit entraîner aucun délai pour le navire ni des frais extraordinaires résultant du défaut d'entrepôts dans les ports.

Art. 19. — Lorsque des marchandises ont été désinfectées, par application des prescriptions de l'article 13, ou mises en dépôt temporaire, en vertu du 3e alinéa de l'article 18, le propriétaire ou son représentant a le droit de réclamer de l'autorité sanitaire qui a ordonné la désinfection ou le dépôt, un certificat indiquant les mesures prises.

Art. 20. — La désinfection du linge sale, des hardes, vêtements et objets qui font partie de bagages ou de mobiliers (objets d'installation) provenant d'une circonscription territoriale contaminée n'est effectuée qu'en cas de peste ou de choléra et seulement lorsque l'autorité sanitaire les considère comme contaminés.

Section III. — *Mesures dans les ports et aux frontières de mer.*

A. — *Classification des navires.*

Art. 21. — Est considéré comme *infecté* le navire qui a la peste, le choléra ou la fièvre jaune à bord ou qui a présenté un ou plusieurs cas de peste, de choléra ou de fièvre jaune depuis sept jours.

Est considéré comme *suspect*, le navire à bord duquel il y a eu des cas de peste, de choléra ou de fièvre jaune au moment du départ

**

ou pendant la traversée, mais aucun cas nouveau depuis sept jours.

Est considéré comme *indemne*, bien que venant d'un port contaminé, le navire qui n'a eu ni décès ni cas de peste, de choléra ou de fièvre jaune à bord, soit avant le départ, soit pendant la traversée, soit au moment de l'arrivée.

B. — *Mesures concernant la peste.*

ART. 22. — Les navires *infectés de peste* sont soumis au régime suivant :

1° Visite médicale ;

2° Les malades sont immédiatement débarqués et isolés ;

3° Les personnes qui ont été en contact avec les malades et celles que l'autorité sanitaire du port a des raisons de considérer comme suspectes sont débarquées si possible. Elles peuvent être soumises soit à l'observation (1), soit à la surveillance (2), soit à une observation suivie de surveillance, sans que la durée totale de ces mesures puisse dépasser cinq jours, à dater de l'arrivée.

Il appartient à l'autorité sanitaire du port d'appliquer celle de ces mesures qui lui paraît préférable selon la date du dernier cas, l'état du navire et les possibilités locales ;

4° Le linge sale, les effets à usage et les objets de l'équipage (3) et des passagers qui, de l'avis de l'autorité sanitaire, sont considérés comme contaminés, sont désinfectés ;

5° Les parties du navire qui ont été habitées par des pesteux ou qui, de l'avis de l'autorité sanitaire, sont considérées comme contaminées, doivent être désinfectées ;

6° La destruction des rats du navire doit être effectuée avant ou après le déchargement de la cargaison, en évitant autant que possible de détériorer les marchandises, les tôles et les machines. L'opération doit être faite le plus tôt et le plus rapidement pos-

---

(1) Le mot « observation » signifie : isolement des voyageurs soit à bord d'un navire, soit dans une station sanitaire, avant qu'ils n'obtiennent la libre pratique.

(2) Le mot « surveillance » signifie que les voyageurs ne sont pas isolés, qu'ils obtiennent tout de suite la libre pratique, mais sont signalés à l'autorité dans les diverses localités où ils se rendent et soumis à un examen médical constatant leur état de santé.

(3) Le mot « équipage » s'applique aux personnes qui font ou ont fait partie de l'équipage ou du personnel de service du bord, y compris les maîtres d'hôtel, garçons, cafedji, etc. C'est dans ce sens qu'il faut comprendre ce mot chaque fois qu'il est employé dans la présente Convention.

sible et, en tout cas, ne doit pas durer plus de quarante-huit heures.

Pour les navires sur lest, cette opération doit se faire le plus tôt possible avant le chargement.

Art. 23. — Les navires *suspects de peste* sont soumis aux mesures qui sont indiquées sous les numéros 1, 4, 5 et 6 de l'article 22.

En outre, l'équipage et les passagers peuvent être soumis à une surveillance qui ne dépassera pas cinq jours à dater de l'arrivée du navire. On peut, pendant le même temps, empêcher le débarquement de l'équipage, sauf pour raisons de service.

Art. 24. — Les navires *indemnes de peste* sont admis à la libre pratique immédiate, quelle que soit la nature de leur patente.

Le seul régime que peut prescrire à leur sujet l'autorité du port d'arrivée consiste dans les mesures suivantes :

1° Visite médicale ;

2° Désinfection du linge sale, des effets à usage et des autres objets de l'équipage et des passagers, mais seulement dans les cas exceptionnels, lorsque l'autorité sanitaire a des raisons spéciales de croire à leur contamination ;

3°. Sans que la mesure puisse être érigée en règle générale, l'autorité sanitaire peut soumettre les navires venant d'un port contaminé à une opération destinée à détruire les rats à bord, avant ou après le déchargement de la cargaison. Cette opération doit être faite le plus tôt et le plus rapidement possible et, en tout cas, ne doit pas durer plus de vingt-quatre heures en évitant d'entraver la circulation des passagers et de l'équipage entre le navire et la terre ferme et, autant que possible, de détériorer les marchandises, les tôles et les machines. Pour les navires sur lest, il sera procédé, s'il y a lieu, à cette opération le plus tôt et le plus rapidement possible et, en tout cas, avant le chargement.

L'équipage et les passagers peuvent être soumis à une surveillance qui ne dépassera pas cinq jours à compter de la date où le navire est parti du port contaminé. On peut également, pendant le même temps, empêcher le débarquement de l'équipage, sauf pour raisons de service.

L'autorité compétente du port d'arrivée peut toujours réclamer sous serment un certificat du médecin du bord, ou, à son défaut, du capitaine, attestant qu'il n'y a pas eu de cas de peste sur le navire depuis le départ et qu'une mortalité insolite des rats n'a pas été constatée.

Art. 25. — Lorsque, sur un navire *indemne*, des rats ont été reconnus pesteux après examen bactériologique, ou bien que l'on constate parmi ces rongeurs une mortalité insolite, il y a lieu de faire application des mesures suivantes :

I. — Navires avec rats pesteux :

a) Visite médicale ;

b) Les rats doivent être détruits, avant ou après le déchargement de la cargaison, en évitant autant que possible de détériorer les marchandises, les tôles et les machines. L'opération doit être faite le plus tôt et le plus rapidement possible et, en tout cas, ne pas durer plus de quarante-huit heures. Les navires sur lest subissent cette opération le plus tôt et le plus rapidement possible et, en tout cas, avant le chargement ;

c) Les parties du navire et les objets que l'autorité sanitaire locale juge être contaminés sont désinfectés ;

d) Les passagers et l'équipage peuvent être soumis à une surveillance dont la durée ne doit pas dépasser cinq jours comptés à partir de la date d'arrivée.

II. — Navires où est constatée une mortalité insolite des rats :

a) Visite médicale ;

b) L'examen des rats au point de vue de la peste sera fait autant et aussi vite que possible ;

c) Si la destruction des rats est jugée nécessaire, elle aura lieu dans les conditions indiquées ci-dessus relativement aux navires avec rats pesteux ;

d) Jusqu'à ce que tout soupçon soit écarté, les passagers et l'équipage peuvent être soumis à une surveillance dont la durée ne dépassera pas cinq jours comptés à partir de la date d'arrivée.

Art. 26. — Il est recommandé que les navires soient soumis à la dératisation périodique pratiquée au moins une fois tous les six mois. L'autorité sanitaire du port où la dératisation a été effectuée délivre au capitaine, à l'armateur ou à son agent, toutes les fois que la demande en est faite, un certificat constatant la date de l'opération, le port où elle a été faite et la technique employée.

Il est recommandé que les autorités sanitaires des ports, où touchent les navires qui pratiquent la dératisation périodique, tiennent compte des certificats susvisés, dans l'appréciation des mesures à prendre, notamment en ce qui concerne les prescriptions du n° 3 du 2e alinéa de l'article 24.

C. — *Mesures concernant le choléra.*

Art. 27. — Les navires *infectés de choléra* sont soumis au régime suivant :

1° Visite médicale ;

2° Les malades sont immédiatement débarqués et isolés ;

3° Les autres personnes peuvent être également débarquées et soumises, à dater de l'arrivée du navire, à une observation ou à une surveillance dont la durée variera, selon l'état sanitaire du navire et selon la date du dernier cas, sans pouvoir dépasser cinq jours ; à la condition que ce délai ne soit pas dépassé, l'autorité sanitaire peut procéder à l'examen bactériologique dans la mesure nécessaire ;

4° Le linge sale, les effets à usage et les objets de l'équipage et des passagers qui, de l'avis de l'autorité sanitaire du port, sont considérés comme contaminés, sont désinfectés ;

5° Les parties du navire qui ont été habitées par les malades atteints de choléra ou qui sont considérées par l'autorité sanitaire comme contaminées, sont désinfectées ;

6° Lorsque l'eau potable emmagasinée à bord est considérée comme suspecte, elle est déversée après désinfection et remplacée, s'il y a lieu, par une eau de bonne qualité.

L'autorité sanitaire peut interdire le déversement dans les ports de l'eau de lest (water-ballast) si elle a été puisée dans un port contaminé, à moins qu'elle n'ait été préalablement désinfectée.

Il peut être interdit de laisser s'écouler ou de jeter dans les eaux du port des déjections humaines ainsi que les eaux résiduaires du navire, à moins de désinfection préalable.

Art. 28. — Les navires *suspects de choléra* sont soumis aux mesures qui sont prescrites sous les numéros 1, 4, 5 et 6 de l'article 27.

L'équipage et les passagers peuvent être soumis à une surveillance qui ne doit pas dépasser cinq jours à dater de l'arrivée du navire. Il est recommandé d'empêcher, pendant le même temps, le débarquement de l'équipage sauf pour raisons de service.

A la condition que les mesures prévues dans l'alinéa précédent ne soient pas aggravées, l'autorité sanitaire peut procéder à l'examen bactériologique dans la mesure nécessaire.

L'autorité sanitaire peut interdire le déversement, dans les ports, de l'eau de lest (water-ballast) si elle a été puisée dans un port contaminé, à moins qu'elle n'ait été préalablement désinfectée.

ART. 29. — Les navires *indemnes de choléra* sont admis à la libre pratique immédiate, quelle que soit la nature de leur patente.

Le seul régime que puisse prescrire à leur sujet l'autorité du port d'arrivée consiste dans les mesures prévues aux numéros 1, 4 et 6 de l'article 27.

L'autorité sanitaire peut interdire le déversement dans les ports de l'eau de lest (water-ballast) si elle a été puisée dans un port contaminé, à moins qu'elle n'ait été préalablement désinfectée.

L'équipage et les passagers peuvent être soumis, au point de vue de leur état de santé, à une surveillance qui ne doit pas dépasser cinq jours à compter de la date où le navire est parti du port contaminé.

Il est recommandé d'empêcher, pendant le même temps, le débarquement de l'équipage, sauf pour raisons de service.

L'autorité compétente du port d'arrivée peut toujours réclamer sous serment un certificat du médecin du bord ou, à son défaut, du capitaine, attestant qu'il n'y a pas eu de cas de choléra sur le navire depuis le départ.

D. — *Mesures concernant la fièvre jaune.*

ART. 30. — Les navires *infectés de fièvre jaune* sont soumis au régime suivant :

1° Visite médicale ;

2° Les malades sont débarqués dans des conditions les mettant à l'abri des piqûres des moustiques, et dûment isolés ;

3° Les autres personnes peuvent être également débarquées et soumises, à dater de l'arrivée, à une observation ou surveillance qui ne dépassera pas six jours ;

4° Les navires doivent mouiller, autant que possible, à 200 mètres de la côte ;

5° Si possible, il est procédé à bord à l'extermination des moustiques, avant le déchargement des marchandises. Si cela n'est pas possible, on prendra toutes les mesures nécessaires afin d'éviter que le personnel employé au déchargement ne soit infecté. Ce personnel est soumis à une surveillance qui ne peut pas dépasser six jours, à dater du moment où il a cessé de travailler à bord.

Art. 31. — Les navires *suspects de fièvre jaune* sont soumis aux mesures qui sont indiquées sous les numéros 1, 4 et 5 de l'article précédent.

En outre, l'équipage et les passagers peuvent être soumis à une surveillance qui ne dépassera pas six jours à dater de l'arrivée du navire.

Art. 32. — Les navires *indemnes de fièvre jaune* sont admis à la libre pratique immédiate, après la visite médicale, quelle que soit la nature de leur patente.

Art. 33. — Les mesures prévues dans les articles 30 et 31 ne concernent que les pays où il existe des *stegomya*. Dans les autres pays, elles sont appliquées dans la mesure jugée nécessaire par l'autorité sanitaire.

E. — *Dispositions communes aux trois maladies.*

Art. 34. — L'autorité compétente tiendra compte, pour l'application des mesures indiquées dans les articles 22 à 33, de la présence d'un médecin et d'appareils de désinfection (étuves) à bord des navires des trois catégories susmentionnées.

En ce qui concerne la peste, elle aura égard également à l'installation à bord d'appareils de destruction des rats.

Les autorités sanitaires des États auxquels il conviendrait de s'entendre sur ce point, pourront dispenser de la visite médicale et d'autres mesures les navires indemnes qui auraient à bord un médecin spécialement commissionné par leur pays.

Art. 35. — Des mesures spéciales, notamment, pour ce qui concerne le choléra, l'examen bactériologique, peuvent être prescrites à l'égard de tout navire offrant de mauvaises conditions d'hygiène ou des navires encombrés.

Art. 36. — Tout navire qui ne veut pas se soumettre aux obligations imposées par l'autorité du port en vertu des stipulations de la présente convention est libre de reprendre la mer.

Il peut être autorisé à débarquer ses marchandises après que les précautions nécessaires auront été prises, à savoir :

1° Isolement du navire, de l'équipage et des passagers ;

2° En ce qui concerne la peste, demande de renseignements relatifs à l'existence d'une mortalité insolite parmi les rats ;

3° En ce qui concerne le choléra, remplacement, par une eau de bonne qualité, de l'eau potable emmagasinée à bord, lorsque celle-ci est considérée comme suspecte.

Il peut également être autorisé à débarquer les passagers qui en font la demande, à la condition que ceux-ci se soumettent aux mesures prescrites par l'autorité locale.

Art. 37. — Les navires d'une provenance contaminée qui ont été l'objet de mesures sanitaires appliquées, d'une façon suffisante, dans un port appartenant à l'un des pays contractants, ne subiront pas une seconde fois ces mesures à leur arrivée dans un port nouveau, que celui-ci appartienne ou non au même pays, à la condition qu'il ne se soit produit depuis lors aucun incident entraînant l'application des mesures sanitaires prévues ci-dessus et qu'ils n'aient pas fait escale dans un port contaminé.

N'est pas considéré comme ayant fait escale dans un port le navire qui, sans avoir été en communication avec la terre ferme, débarque seulement des passagers et leurs bagages ainsi que la malle postale, ou embarque seulement la malle postale ou des passagers, munis ou non de bagages, et qui n'ont pas communiqué avec ce port ni avec une circonscription contaminée. S'il s'agit de fièvre jaune, le navire doit, en outre, s'être tenu éloigné des côtes autant que possible et au moins à 200 mètres pour empêcher l'invasion des moustiques.

Art. 38. — L'autorité du port qui applique des mesures sanitaires délivre au capitaine, à l'armateur ou à son agent, toutes les fois que la demande en est faite, un certificat spécifiant la nature des mesures et les raisons pour lesquelles elles ont été appliquées.

Art. 39. — Les passagers arrivés par un navire infecté ont la faculté de réclamer de l'autorité sanitaire du port un certificat indiquant la date de leur arrivée et les mesures auxquelles ils ont été soumis, ainsi que leurs bagages.

Art. 40. — Les bateaux de cabotage feront l'objet d'un régime spécial à établir d'un commun accord entre les pays intéressés.

Art. 41. — Les Gouvernements des États riverains d'une même mer peuvent, en tenant compte de leurs situations spéciales et pour rendre plus efficace et moins gênante l'application des mesures sanitaires prévues par la Convention, conclure entre eux des accords particuliers.

Art. 42. — Il est désirable que le nombre des ports pourvus d'une organisation et d'un outillage suffisants pour recevoir un navire, quel que soit son état sanitaire, soit, pour chaque État, en rapport avec l'importance du trafic et de la navigation. Toutefois, sans préjudice du droit qu'ont les Gouvernements de se mettre d'accord pour organiser des stations sanitaires communes, chaque pays doit pourvoir au moins un des ports du littoral de chacune de ses mers de cette organisation et de cet outillage.

En outre, il est recommandé que tous les grands ports de navigation maritime soient outillés de telle façon qu'au moins les navires indemnes puissent y subir, dès leur arrivée, les mesures sanitaires prescrites et ne soient pas envoyés, à cet effet, dans un autre port.

Les Gouvernements feront connaître les ports qui sont ouverts chez eux aux provenances de ports contaminés de peste, de choléra ou de fièvre jaune et, en particulier, ceux qui sont ouverts aux navires infectés et suspects.

Art. 43. — Il est recommandé que, dans les grands ports de navigation maritime, il soit établi :

a) Un service médical régulier du port et une surveillance médicale permanente de l'état sanitaire des équipages et de la population du port ;

b) Un matériel pour le transport des malades et des locaux appropriés à leur isolement ainsi qu'à l'observation des personnes suspectes ;

c) Les installations nécessaires à une désinfection efficace et des laboratoires bactériologiques ;

d) Un service d'eau potable non suspecte à l'usage du port et l'application d'un système présentant toute la sécurité possible pour l'enlèvement des déchets et ordures.

Art. 44. — Il est également recommandé aux États contractants de tenir compte, dans le traitement à appliquer aux provenances d'un pays, des mesures que ce dernier a prises pour combattre les maladies infectieuses et pour en empêcher l'exportation.

Section IV. — *Mesures aux frontières de terre. — Voyageurs. — Chemins de fer. — Zones frontières. — Voies fluviales.*

Art. 45. — Il ne doit pas être établi de quarantaines terrestres. Seules, les personnes présentant des symptômes de peste, de choléra ou de fièvre jaune peuvent être retenues aux frontières.

Ce principe n'exclut pas le droit, pour chaque État, de fermer au besoin une partie de ses frontières.

Art. 46. — Il importe que les voyageurs soient soumis, au point de vue de leur état de santé, à une surveillance de la part du personnel des chemins de fer.

Art. 47. — L'intervention médicale se borne à une visite des voyageurs et aux soins à donner aux malades. Si cette visite se fait, elle est combinée, autant que possible, avec la visite douanière de manière que les voyageurs soient retenus le moins longtemp possible. Les personnes visiblement indisposées sont seules soumises à un examen médical approfondi.

Art. 48. — Dès que les voyageurs venant d'un endroit contaminé seront arrivés à destination, il serait de la plus haute utilité de les soumettre à une surveillance qui ne devrait pas dépasser, à compter de la date du départ, cinq jours s'il s'agit de peste ou de choléra et six jours s'il s'agit de fièvre jaune.

Art. 49. — Les Gouvernements se réservent le droit de prendre des mesures particulières à l'égard de certaines catégories de personnes, notamment des bohémiens et des vagabonds, ainsi que des émigrants et des personnes voyageant ou passant la frontière par troupes.

Art. 50. — Les voitures affectées au transport des voyageurs, de la poste et des bagages ne peuvent être retenues aux frontières.

S'il arrive qu'une de ces voitures soit contaminée ou ait été occupée par un malade atteint de peste ou de choléra, elle sera détachée du train pour être désinfectée le plus tôt possible.

Il en sera de même pour les wagons à marchandises.

Art. 51. — Les mesures concernant le passage aux frontières du personnel des chemins de fer et de la poste sont du ressort des administrations intéressées. Elles sont combinées de façon à ne pas entraver le service.

Art. 52. — Le règlement du trafic-frontière et des questions inhérentes à ce trafic, ainsi que l'adoption des mesures exceptionnelles de surveillance. doivent être laissés à des arrangements spéciaux entre les États limitrophes.

Art. 53. — Il appartient aux Gouvernements des États riverains de régler, par des arrangements spéciaux, le régime sanitaire des voies fluviales.

TITRE II

DISPOSITIONS SPÉCIALES AUX PAYS D'ORIENT ET D'EXTRÊME-ORIENT

Section I. — *Mesures dans les ports contaminés au départ des navires.*

Art. 54. — Toute personne, y compris les gens de l'équipage, prenant passage à bord d'un navire doit être, au moment de l'embarquement, examinée individuellement, de jour, à terre, pendant le temps nécessaire, par un médecin délégué de l'autorité publique. L'autorité consulaire dont relève le navire peut assister à cette visite.

Par dérogation à cette stipulation, à Alexandrie et à Port-Saïd, la visite médicale peut avoir lieu à bord, quand l'autorité sanitaire locale le juge utile, sous la réserve que les passagers de 3e classe ne seront plus ensuite autorisés à quitter le bord. Cette visite médicale peut être faite de nuit pour les passagers de 1re et de 2e classes, mais non pour les passagers de 3e classe.

SECTION II. — *Mesures à l'égard des navires ordinaires venant de ports du Nord contaminés et se présentant à l'entrée du canal de Suez ou dans les ports égyptiens.*

ART. 55. — Les navires ordinaires *indemnes* venant d'un port, contaminé de peste ou de choléra, d'Europe ou du bassin de la Méditerranée, et se présentant pour passer le canal de Suez, obtiennent le passage en quarantaine. Ils continuent leur trajet en observation de cinq jours.

ART. 56. — Les navires ordinaires indemnes, qui veulent aborder en Égypte, peuvent s'arrêter à Alexandrie ou à Port-Saïd, où les passagers achèveront le temps de l'observation de cinq jours, soit à bord, soit dans une station sanitaire, selon la décision de l'autorité sanitaire locale.

ART. 57. — Les mesures auxquelles seront soumis les navires *infectés* et *suspects*, venant d'un port, contaminé de peste ou de choléra, d'Europe ou des rives de la Méditerranée, et désirant aborder dans un des ports d'Égypte ou passer le canal de Suez, seront déterminées par le conseil sanitaire d'Égypte, conformément aux stipulations de la présente Convention.

Les règlements contenant ces mesures devront, pour devenir exécutoires, être acceptés par les diverses Puissances représentées au Conseil; ils fixeront le régime imposé aux navires, aux passagers et aux marchandises et devront être présentés dans le plus bref délai possible.

SECTION III. — *Mesures dans la mer Rouge.*

A. *Mesures à l'égard des navires ordinaires venant du Sud, se présentant dans les ports de la mer Rouge ou allant vers la Méditerranée.*

ART. 58. — Indépendamment des dispositions générales qui font l'objet de la section III du chapitre 2 du titre I, concernant la classification et le régime des navires infectés, suspects ou indemnes, les prescriptions spéciales, contenues dans les articles ci-après, sont applicables aux navires ordinaires venant du Sud et entrant dans la mer Rouge.

Art. 59. — Les navires *indemnes* devront avoir complété ou auront à compléter, en observation, cinq jours pleins à partir du moment de leur départ du dernier port contaminé.

Ils auront la faculté de passer le canal de Suez en quarantaine et entreront dans la Méditerranée en continuant l'observation susdite de cinq jours. Les navires ayant un médecin et une étuve ne subiront pas la désinfection avant le transit en quarantaine.

Art. 60. — Les navires *suspects* sont traités d'une façon différente suivant qu'ils ont ou qu'ils n'ont pas à bord un médecin et un appareil de désinfection (étuve).

a) Les navires ayant un médecin et un appareil de désinfection (étuve), remplissant les conditions voulues, sont admis à passer le canal de Suez en quarantaine dans les conditions du règlement pour le transit.

b) Les autres navires suspects, n'ayant ni médecin ni appareil de désinfection (étuve), sont, avant d'être admis à transiter en quarantaine, retenus à Suez ou aux Sources de Moïse pendant le temps nécessaire pour exécuter les mesures de désinfection prescrites et s'assurer de l'état sanitaire du navire.

S'il s'agit de navires postaux ou de paquebots spécialement affectés au transport des voyageurs, sans appareil de désinfection (étuve), mais ayant un médecin à bord, si l'autorité locale a l'assurance, par une constatation officielle, que les mesures d'assainissement et de désinfection ont été convenablement pratiquées, soit au point de départ, soit pendant la traversée, le passage en quarantaine est accordé.

S'il s'agit de navires postaux ou de paquebots spécialement affectés au transport des voyageurs, sans appareil de désinfection (étuve), mais ayant un médecin à bord, si le dernier cas de peste ou de choléra remonte à plus de sept jours et si l'état sanitaire du navire est satisfaisant, la libre pratique peut être donnée à Suez, lorsque les opérations réglementaires sont terminées.

Lorsqu'un bateau a un trajet indemne de moins de sept jours, les passagers à destination d'Égypte sont débarqués dans un établissement désigné par le Conseil d'Alexandrie et isolés pendant le temps nécessaire pour compléter l'observation de cinq jours. Leur linge sale et leurs effets à usage sont désinfectés. Ils reçoivent alors la libre pratique.

Les bateaux ayant un trajet indemne de moins de sept jours et demandant à obtenir la libre pratique en Égypte sont retenus dans un établissement désigné par le Conseil d'Alexandrie le temps nécessaire pour compléter l'observation de cinq jours ; ils subissent les mesures réglementaires concernant les navires suspects.

Lorsque la peste ou le choléra s'est montré exclusivement dans l'équipage, la désinfection ne porte que sur le linge sale de celui-ci, mais sur tout ce linge sale, et s'étend également aux postes d'habitation de l'équipage.

Art. 61. — Les navires *infectés* se divisent en navires avec médecin et appareil de désinfection (étuve) et navires sans médecin et sans appareil de désinfection (étuve).

a) Les navires sans médecin et sans appareil de désinfection (étuve) sont arrêtés aux Sources de Moïse (1) ; les personnes présentant des symptômes de peste ou de choléra sont débarquées et isolées dans un hôpital. La désinfection est pratiquée d'une façon complète. Les autres passagers sont débarqués et isolés par groupes composés de personnes aussi peu nombreuses que possible, de manière que l'ensemble ne soit pas solidaire d'un groupe particulier si la peste ou le choléra venait à se développer. Le linge sale, les objets à usage, les vêtements de l'équipage et des passagers sont désinfectés ainsi que le navire.

Il est bien entendu qu'il ne s'agit pas du déchargement des marchandises, mais seulement de la désinfection de la partie du navire qui a été infectée.

Les passagers resteront pendant cinq jours dans un établissement désigné par le Conseil sanitaire maritime et quarantenaire d'Égypte. Lorsque les cas de peste ou de choléra remonteront à plusieurs jours, la durée de l'isolement sera diminuée. Cette durée variera selon l'époque de la guérison, de la mort ou de l'isolement du dernier malade. Ainsi, lorsque le dernier cas de peste ou de choléra se sera terminé depuis six jours par la guérison ou la mort, ou que le dernier malade aura été isolé depuis six jours, l'observation durera un jour : s'il ne s'est écoulé qu'un laps de cinq jours, l'observation sera de deux jours : s'il ne s'est écoulé qu'un laps de

(1) Les malades sont autant que possible débarqués aux Sources de Moïse ; les autres personnes peuvent subir l'observation dans une station sanitaire désignée par le Conseil sanitaire maritime et quarantenaire d'Égypte (lazaret des pilotes).

quatre jours, l'observation sera de trois jours ; s'il ne s'est écoulé qu'un laps de trois jours, l'observation sera de quatre jours ; s'il ne s'est écoulé qu'un laps de deux jours ou d'un jour, l'observation sera de cinq jours.

b) Les navires avec médecin et appareil de désinfection (étuve) sont arrêtés aux Sources de Moïse. Le médecin du bord doit déclarer, sous serment, quelles sont les personnes à bord présentant des symptômes de peste, de choléra. Ces malades sont débarqués et isolés.

Après le débarquement de ces malades, le linge sale du reste des passagers, que l'autorité sanitaire considérera comme dangereux, et de l'équipage subira la désinfection à bord.

Lorsque la peste ou le choléra se sera montré exclusivement dans l'équipage, la désinfection du linge ne portera que sur le linge sale de l'équipage et le linge des postes de l'équipage.

Le médecin du bord doit indiquer aussi, sous serment, la partie ou le compartiment du navire et la section de l'hôpital dans lesquels le ou les malades ont été transportés. Il doit déclarer également, sous serment, quelles sont les personnes qui ont été en rapport avec le pestiféré ou le cholérique depuis la première manifestation de la maladie, soit par des contacts directs, soit par des contacts avec des objets qui pourraient être contaminés. Ces seules personnes seront considérées comme suspectes.

La partie ou le compartiment du navire et la section de l'hôpital dans lesquels le ou les malades auront été transportés, seront com-[illegible]tement désinfectés. On entend par « partie du navire » la cabine du malade, les cabines attenantes, le couloir de ces cabines, le pont, les parties du pont sur lesquelles le ou les malades auraient séjourné.

S'il est impossible de désinfecter la partie ou le compartiment du navire qui a été occupé par les personnes atteintes de peste ou de choléra, sans débarquer les personnes déclarées suspectes, ces personnes seront ou placées sur un autre navire spécialement affecté à cet usage, ou débarquées et logées dans l'établissement sanitaire, sans contact avec les malades, lesquels doivent être placés dans l'hôpital.

La durée de ce séjour sur le navire ou à terre pour la désinfection sera aussi courte que possible et n'excédera pas vingt-quatre heures.

Les suspects subiront, soit sur leur bâtiment, soit sur le navire affecté à cet usage, une observation dont la durée variera suivant les cas et dans les termes prévus au 3e alinéa du paragraphe (*a*).

Le temps pris par les opérations réglementaires est compris dans la durée de l'observation.

Le passage en quarantaine peut être accordé avant l'expiration des délais indiqués ci-dessus, si l'autorité sanitaire le juge possible. Il sera, en tout cas, accordé lorsque la désinfection aura été accomplie, si le navire abandonne, outre ses malades, les personnes indiquées ci-dessus comme « suspectes ».

Une étuve placée sur un ponton peut venir accoster le navire pour rendre plus rapides les opérations de désinfection.

Les navires infectés demandant à obtenir la libre pratique en Égypte sont retenus aux Sources de Moïse cinq jours; ils subissent, en outre, les mêmes mesures que celles adoptées pour les navires infectés arrivant en Europe.

B. *Mesures à l'égard des navires ordinaires venant de ports contaminés du Hedjaz, en temps de pèlerinage.*

Art. 62. — A l'époque du pèlerinage de la Mecque, si la peste ou le choléra sévit au Hedjaz, les navires provenant du Hedjaz ou de toute autre partie de la côte arabique de la mer Rouge, sans y avoir embarqué des pèlerins ou masses analogues, et qui n'ont pas eu à bord, durant la traversée, d'accident suspect, sont placés dans la catégorie des navires ordinaires suspects. Ils sont soumis aux mesures préventives et au traitement imposés à ces navires.

S'ils sont à destination de l'Égypte, ils subissent, dans un établissement sanitaire désigné par le Conseil sanitaire maritime et quarantenaire, une observation de cinq jours, à compter de la date du départ, pour le choléra comme pour la peste. Ils sont soumis, en outre, à toutes les mesures prescrites pour les bateaux suspects (désinfection, etc.) et ne sont admis à la libre pratique qu'après visite médicale favorable.

Il est entendu que si les navires, durant la traversée, ont eu des accidents suspects, l'observation sera subie aux Sources de Moïse et sera de cinq jours, qu'il s'agisse de peste ou de choléra.

Section IV. — *Organisation de la surveillance et de la désinfection à Suez et aux Sources de Moïse.*

Art. 63. — La visite médicale prévue par les règlements est faite pour chaque navire arrivant à Suez par un ou plusieurs médecins de la station ; elle est faite de jour pour les provenances des ports contaminés de peste ou de choléra. Elle peut avoir lieu même de nuit, sur ces navires qui se présentent pour transiter le canal, s'ils sont éclairés à la lumière électrique, et toutes les fois que l'autorité sanitaire locale a l'assurance que les conditions d'éclairage sont suffisantes.

ART. 64. — Les médecins de la station de Suez sont au nombre de sept au moins, un médecin en chef, six titulaires. Ils doivent être pourvus d'un diplôme régulier et choisis de préférence parmi les médecins ayant fait des études spéciales pratiques d'épidémiologie et de bactériologie. Ils sont nommés par le Ministre de l'Intérieur, sur la présentation du Conseil sanitaire maritime et quarantenaire d'Égypte. Ils reçoivent un traitement qui, de huit mille francs, peut s'élever progressivement à douze mille francs pour les six médecins et de douze mille à quinze mille francs pour le médecin en chef.

Si le service médical était encore insuffisant, on aurait recours aux médecins de la marine des différents États : ces médecins seraient placés sous l'autorité du médecin en chef de la station sanitaire.

ART. 65. — Un corps de gardes sanitaires est chargé d'assurer la surveillance et l'exécution des mesures de prophylaxie appliquées dans le canal de Suez, à l'établissement des Sources de Moïse et à Tor.

ART. 66. — Ce corps comprend dix gardes.

Il est recruté parmi les anciens sous-officiers des armées et marines européennes et égyptiennes.

Les gardes sont nommés, après que leur compétence a été constatée par le Conseil, dans les formes prévues à l'article 14 du décret khédivial du 19 juin 1893.

ART. 67. — Les gardes sont divisés en deux classes :

La 1re classe comprend quatre gardes ;

La 2e comprend six gardes.

ART. 68. — La solde annuelle allouée aux gardes est pour :

La 1re classe, de 160 l. ég. à 200 l. ég. ;

La 2e classe, de 120 l. ég. à 168 l. ég. ;

Avec augmentation progressive jusqu'à ce que le maximum soit atteint.

Art. 69. — Les gardes sont investis du caractère d'agents de la force publique, avec droit de réquisition en cas d'infraction aux règlements sanitaires.

Ils sont placés sous les ordres immédiats du directeur de l'office de Suez ou de Tor.

Section V. — *Passage en quarantaine du canal de Suez.*

Art. 70. — L'autorité sanitaire de Suez accorde le passage en quarantaine. Le Conseil en est immédiatement informé.

Dans les cas douteux, la décision est prise par le Conseil.

Art. 71. — Dès que l'autorisation prévue à l'article précédent est accordée, un télégramme est expédié à l'autorité désignée par chaque Puissance. L'expédition du télégramme est faite aux frais du navire.

Art. 72. — Chaque Puissance édictera des dispositions pénales contre les bâtiments qui, abandonnant le parcours indiqué par le capitaine, aborderaient indûment un des ports du territoire de cette puissance. Seront exceptés les cas de force majeure et de relâche forcée.

Art. 73. — Lors de l'arraisonnement, le capitaine est tenu de déclarer s'il a à son bord des équipes de chauffeurs indigènes ou de serviteurs à gages quelconques, non inscrits sur le rôle d'équipage ou le registre à cet usage.

Les questions suivantes sont notamment posées aux capitaines de tous les navires se présentant à Suez, venant du Sud. Ils y répondent sous serment :

« Avez-vous des auxiliaires : chauffeurs ou autres gens de service, non inscrits sur le rôle de l'équipage ou sur le registre spécial? Quelle est leur nationalité? Où les avez-vous embarqués? »

Les médecins sanitaires doivent s'assurer de la présence de ces auxiliaires et s'ils constatent qu'il y a des manquants parmi eux, chercher avec soin les causes de l'absence.

Art. 74. — Un officier sanitaire et deux gardes sanitaires montent à bord. Ils doivent accompagner le navire jusqu'à Port-Saïd. Ils ont pour mission d'empêcher les communications et de veiller à l'exécution des mesures prescrites pendant la traversée du canal.

Art. 75. — Tout embarquement ou débarquement et tout transbordement de passagers ou de marchandises sont interdits pendant le parcours du canal de Suez à Port-Saïd.

Toutefois, les voyageurs peuvent s'embarquer à Port-Saïd en quarantaine.

Art. 76. — Les navires transitant en quarantaine doivent effectuer le parcours de Suez à Port-Saïd sans garage.

En cas d'échouage ou de garage indispensable, les opérations nécessaires sont effectuées par le personnel du bord, en évitant toute communication avec le personnel de la Compagnie du canal de Suez.

Art. 77. — Les transports de troupes par bateaux suspects ou infectés transitant en quarantaine sont tenus de traverser le canal seulement de jour. S'ils doivent séjourner de nuit dans le canal, ils prennent leur mouillage au lac Timsah ou dans le grand lac.

Art. 78. — Le stationnement des navires transitant en quarantaine est interdit dans le port de Port-Saïd, sauf dans les cas prévus aux articles 75, alinéa 2, et 79.

Les opérations de ravitaillement doivent être pratiquées avec les moyens du bord.

Les chargeurs ou toutes autres personnes, qui seraient montés à bord, sont isolés sur le ponton quarantenaire. Leurs vêtements y subissent la désinfection réglementaire.

Art. 79. — Lorsqu'il est indispensable, pour les navires transitant en quarantaine, de prendre du charbon à Port-Saïd, ces navires doivent exécuter cette opération dans un endroit offrant les garanties nécessaires d'isolement et de surveillance sanitaire, qui sera indiqué par le Conseil sanitaire. Pour les navires à bord desquels une surveillance efficace de cette opération est possible et où tout contact avec les gens du bord peut être évité, le charbonnage par les ouvriers du port est autorisé. La nuit, le lieu de l'opération doit être éclairé à la lumière électrique.

Art. 80. — Les pilotes, les électriciens, les agents de la Compagnie et les gardes sanitaires sont déposés à Port-Saïd, hors du port, entre les jetées et de là conduits directement au ponton de quarantaine, où leurs vêtements subissent la désinfection lorsqu'elle est jugée nécessaire.

Art. 81. — Les navires de guerre ci-après déterminés bénéficient pour le passage du canal de Suez, des dispositions suivantes :

Ils seront reconnus indemnes par l'autorité quarantenaire sur la production d'un certificat émanant des médecins du bord, contresigné par le commandant et affirmant sous serment :

a) Qu'il n'y a eu à bord, soit au moment du départ, soit pendant la traversée, aucun cas de peste ou de choléra ;

b) Qu'une visite minutieuse de toutes les personnes existant à bord, sans exception, a été passée moins de douze heures avant l'arrivée dans le port égyptien et qu'elle n'a révélé aucun cas de ces maladies.

Ces navires sont exempts de la visite médicale et reçoivent immédiatement libre pratique, à la condition qu'ils aient complété, à partir de leur départ du dernier port contaminé, une période de cinq jours pleins.

Ceux de ces navires qui n'ont pas complété la période exigée peuvent transiter le canal en quarantaine sans subir la visite médicale, pourvu qu'ils produisent le susdit certificat à l'autorité quarantenaire.

L'autorité quarantenaire a néanmoins le droit de faire pratiquer par ses agents, la visite médicale à bord des navires de guerre, toutes les fois qu'elle le juge nécessaire.

Les navires de guerre suspects ou infectés seront soumis aux règlements en vigueur.

Ne sont considérées comme navires de guerre que les unités de combat. Les bateaux-transports, les navires-hôpitaux entrent dans la catégorie des navires ordinaires.

Art. 82. — Le Conseil sanitaire, maritime et quarantenaire d'Égypte est autorisé à organiser le transit du territoire égyptien, par voie ferrée, des malles postales et des passagers ordinaires venant de pays contaminés dans des trains quarantenaires, sous les conditions déterminées dans l'annexe I.

Section VI. — *Régime sanitaire applicable au Golfe Persique.*

Art. 83. — La réglementation sanitaire telle qu'elle est instituée par les articles de la présente Convention sera appliquée, en ce qui concerne les navires pénétrant dans le Golfe Persique, par les autorités sanitaires des ports d'arrivée.

Cette réglementation est soumise, sous le rapport de la classification des navires ainsi que du régime à leur faire subir dans le Golfe Persique, aux trois réserves suivantes :

1° La surveillance des passagers et de l'équipage sera toujours remplacée par une observation de même durée ;

2° Les navires indemnes ne pourront y recevoir libre pratique qu'à la condition d'avoir complété cinq jours pleins à partir du moment de leur départ du dernier port contaminé ;

3° En ce qui concerne les navires suspects, le délai de cinq jours pour l'observation de l'équipage et des passagers comptera à partir du moment où il n'existe plus de cas de peste ou de choléra à bord.

TITRE III

DISPOSITIONS SPÉCIALES AUX PÈLERINAGES

CHAPITRE Ier

Prescriptions générales.

Art. 84. — Les dispositions de l'article 51 du titre II sont applicables aux personnes et objets à destination du Hedjaz ou de l'Irak-Arabi et qui doivent être embarqués à bord d'un navire à pèlerins, alors même que le port d'embarquement ne serait pas contaminé de peste ou de choléra.

Art. 85. — Lorsqu'il existe des cas de peste ou de choléra dans le port, l'embarquement ne se fait à bord des navires à pèlerins qu'après que les personnes réunies en groupes ont été soumises à une observation permettant de s'assurer qu'aucune d'elles n'est atteinte de la peste ou du choléra.

Il est entendu que, pour exécuter cette mesure, chaque Gouvernement peut tenir compte des circonstances et possibilités locales.

Art. 86. — Les pèlerins sont tenus, si les circonstances locales le permettent, de justifier des moyens strictement nécessaires pour accomplir le pèlerinage, spécialement du billet d'aller et retour.

Art. 87. — Les navires à vapeur sont seuls admis à faire le transport des pèlerins au long cours. Ce transport est interdit aux autres bateaux.

Art. 88. — Les navires à pèlerins faisant le cabotage destinés aux transports de courte durée dits « voyages au cabotage » sont soumis aux prescriptions contenues dans le règlement spécial applicable au pèlerinage du Hedjaz qui sera publié par le Conseil de santé de Constantinople, conformément aux principes édictés dans la présente Convention.

Art. 89. — N'est pas considéré comme navire à pèlerins celui qui, outre ses passagers ordinaires, parmi lequels peuvent être compris les pèlerins des classes supérieures, embarque des pèlerins de la dernière classe, en proportion moindre d'un pèlerin par cent tonneaux de jauge brute.

Art. 90. — Tout navire à pèlerins se trouvant dans les eaux ottomanes doit se conformer aux prescriptions contenues dans le règlement spécial applicable au pèlerinage du Hedjaz qui sera publié par le Conseil de santé de Constantinople, conformément aux principes édictés dans la présente Convention.

Art. 91. — Le capitaine est tenu de payer la totalité des taxes sanitaires exigibles des pèlerins. Elles doivent être comprises dans le prix du billet.

Art. 92. — Autant que faire se peut, les pèlerins qui débarquent ou embarquent dans les stations sanitaires ne doivent avoir entre eux aucun contact sur les points de débarquement.

Les pèlerins débarqués doivent être répartis au campement en groupes aussi peu nombreux que possible.

Il est nécessaire de leur fournir une bonne eau potable, soit qu'on la trouve sur place, soit qu'on l'obtienne par distillation.

Art. 93. — Lorsqu'il y a de la peste ou du choléra au Hedjaz, les vivres emportés par les pèlerins sont détruits si l'autorité sanitaire le juge nécessaire.

CHAPITRE II

Navires à pèlerins. — Installations sanitaires.

Section I. — *Conditionnement général des navires.*

Art. 94. — Le navire doit pouvoir loger les pèlerins dans l'entrepont.

En dehors de l'équipage, le navire doit fournir à chaque individu, quel que soit son âge, une surface de 1 m. 50 carré, c'est-à-dire 16 pieds carrés anglais, avec une hauteur d'entrepont d'environ 1 m. 80.

Pour les navires qui font le cabotage, chaque pèlerin doit disposer d'un espace d'au moins 2 mètres de largeur dans le long des plats-bords du navire.

Art. 95. — De chaque côté du navire, sur le pont, doit être réservé un endroit dérobé à la vue et pourvu d'une pompe à main, de manière à fournir de l'eau de mer pour les besoins des pèlerins. Un local de cette nature doit être exclusivement affecté aux femmes.

Art. 96. — Le navire doit être pourvu, outre les lieux d'aisances à l'usage de l'équipage, de latrines à effet d'eau ou pourvues d'un robinet dans la proportion d'au moins une latrine pour chaque centaine de personnes embarquées.

Des latrines doivent être affectées exclusivement aux femmes.

Des lieux d'aisances ne doivent pas exister dans les entreponts ni dans la cale.

Art. 97. — Le navire doit être muni de deux locaux affectés à la cuisine personnelle des pèlerins. Il est interdit aux pèlerins de faire du feu ailleurs, notamment sur le pont.

Art. 98. — Des locaux d'infirmerie offrant de bonnes conditions de sécurité et de salubrité doivent être réservés au logement des malades.

Ils seront disposés de manière à pouvoir isoler, d'après le genre de maladie, les personnes atteintes d'affections transmissibles.

L'infirmerie doit pouvoir recevoir au moins 5 p. 100 des pèlerins embarqués à raison de 3 mètres carrés par tête.

Art. 99. — Chaque navire doit avoir à bord les médicaments les désinfectants et les objets nécessaires aux soins des malades Les règlements faits pour ce genre de navires par chaque Gouvernement doivent déterminer la nature et la quantité des médicaments (1). Les soins et les remèdes sont fournis gratuitement aux pèlerins.

Art. 100. — Chaque navire embarquant des pèlerins doit avoir à bord un médecin régulièrement diplômé et commissionné par le Gouvernement du pays auquel le navire appartient ou par le Gouvernement du port où le navire prend des pèlerins. Un second médecin doit être embarqué dès que le nombre des pèlerins portés par le navire dépasse mille.

Art. 101. — Le capitaine est tenu de faire apposer à bord, dans un endroit apparent et accessible aux intéressés, des affiches rédigées dans les principales langues des pays habités par les pèlerins à embarquer, et indiquant :

1° La destination du navire ;

2° Le prix des billets ;

3° La ration journalière en eau et en vivres allouée à chaque pèlerin ;

4° Le tarif des vivres non compris dans la ration journalière et devant être payés à part.

Art. 102. — Les gros bagages des pèlerins sont enregistrés, numérotés et placés dans la cale. Les pèlerins ne peuvent garder avec eux que les objets strictement nécessaires. Les règlements faits pour ses navires par chaque Gouvernement en déterminent la nature, la quantité et les dimensions.

Art. 103. — Les prescriptions du chapitre I, du chapitre II (sections I, II, et III), ainsi que du chapitre III du présent titre, seront affichées, sous la forme d'un règlement, dans la langue de la nationalité du navire ainsi que dans les principales langues des pays habités par les pèlerins à embarquer, en un endroit apparent et accessible, sur chaque pont et entrepont de tout navire transportant des pèlerins.

---

(1) Il est désirable que chaque navire soit muni des principaux agents d'immunisation (sérum antipesteux, vaccin de Haffkine, etc.).

Section II. — *Mesures à prendre avant le départ.*

Art. 104. — Le capitaine ou, à défaut du capitaine, le propriétaire ou l'agent de tout navire à pèlerins est tenu de déclarer à l'autorité compétente du port de départ son intention d'embarquer des pèlerins, au moins trois jours avant le départ. Dans les ports d'escale, le capitaine ou, à défaut de capitaine, le propriétaire ou l'agent de tout navire à pèlerins est tenu de faire cette même déclaration douze heures avant le départ du navire. Cette déclaration doit indiquer le jour projeté pour le départ et la destination du navire.

Art. 105. — A la suite de la déclaration prescrite par l'article précédent, l'autorité compétente fait procéder, aux frais du capitaine, à l'inspection et au mesurage du navire. L'autorité consulaire dont relève le navire peut assister à cette inspection.

Il est procédé seulement à l'inspection, si le capitaine est déjà pourvu d'un certificat de mesurage délivré par l'autorité compétente de son pays, à moins qu'il n'y ait soupçon que le document ne réponde plus à l'état actuel du navire (1).

Art. 106. — L'autorité compétente ne permet le départ d'un navire à pèlerins qu'après s'être assurée :

a) Que le navire a été mis en état de propreté parfaite et, au besoin, désinfecté ;

b) Que le navire est en état d'entreprendre le voyage sans danger, qu'il est bien équipé, bien aménagé, bien aéré, pourvu d'un nombre suffisant d'embarcations, qu'il ne contient rien à bord qui soit ou puisse devenir nuisible à la santé ou à la sécurité des passagers, que le pont est en bois ou en fer recouvert de bois ;

c) Qu'il existe à bord, en sus de l'approvisionnement de l'équipage et convenablement arrimés, des vivres ainsi que du combustible, le tout de bonne qualité et en quantité suffisante pour tous les pèlerins et pour toute la durée déclarée du voyage ;

d) Que l'eau potable embarquée est de bonne qualité et a une origine à l'abri de toute contamination ; qu'elle existe en quantité

---

(1) L'autorité compétente est actuellement : dans les Indes anglaises, un fonctionnaire (*officer*) désigné à cet effet par le gouvernement local (*Native passenger Ships Act*, 1887, art. 7) : — dans les Indes néerlandaises, le maître du port ; — en Turquie, l'autorité sanitaire ; — en Autriche-Hongrie, l'autorité du port ; — en Italie, le capitaine de port ; — en France, en Tunisie et en Espagne, l'autorité sanitaire ; — en Égypte, l'autorité sanitaire quarantenaire, etc.

suffisante ; qu'à bord les réservoirs d'eau potable sont à l'abri de toute souillure et fermés de sorte que la distribution de l'eau ne puisse se faire que par les robinets ou les pompes. Les appareils de distribution dits « suçoirs » sont absolument interdits ;

e) Que le navire possède un appareil distillatoire pouvant produire une quantité d'eau de 5 litres au moins, par tête et par jour, pour toute personne embarquée, y compris l'équipage ;

f) Que le navire possède une étuve à désinfection dont la sécurité et l'efficacité auront été constatées par l'autorité sanitaire du port d'embarquement des pèlerins ;

g) Que l'équipage comprend un médecin diplômé et commissionné (1), soit par le Gouvernement du pays auquel le navire appartient, soit par le Gouvernement du port où le navire prend des pèlerins, et que le navire possède des médicaments, le tout conformément aux articles 99 et 100 ;

h) Que le pont du navire est dégagé de toutes marchandises et objets encombrants ;

i) Que les dispositions du navire sont telles que les mesures prescrites par la section III ci-après peuvent être exécutées.

ART. 107. — Le capitaine ne peut partir qu'autant qu'il a en mains :

1° Une liste visée par l'autorité compétente et indiquant le nom, le sexe et le nombre total des pèlerins qu'il est autorisé à embarquer ;

2° Une patente de santé constatant le nom, la nationalité et le tonnage du navire, le nom du capitaine, celui du médecin, le nombre exact des personnes embarquées (équipage, pèlerins et autres passagers), la nature de la cargaison, le lieu du départ.

L'autorité compétente indique sur la patente si le chiffre réglementaire des pèlerins est atteint ou non, et, dans le cas où il ne le serait pas, le nombre complémentaire des passagers que le navire est autorisé à embarquer dans les escales subséquentes.

SECTION III. — *Mesures à prendre pendant la traversée.*

ART. 108. — Le pont doit, pendant la traversée, rester dégagé des objets encombrants ; il doit être réservé jour et nuit aux

(1) Exception est faite pour les Gouvernements qui n'ont pas de médecins commissionnés.

personnes embarquées et mis gratuitement à leur disposition.

Art. 109. — Chaque jour, les entreponts doivent être nettoyés avec soin et frottés au sable sec, avec lequel on mélange des désinfectants, pendant que les pèlerins sont sur le pont.

Art. 110. — Les latrines destinées aux passagers, aussi bien que celles de l'équipage, doivent être tenues proprement, nettoyées et désinfectées trois fois par jour.

Art. 111. — Les excrétions et déjections des personnes présentant des symptômes de peste ou de choléra doivent être recueillies dans des vases contenant une solution désinfectante. Ces vases sont vidés dans les latrines, qui doivent être rigoureusement désinfectées après chaque projection de matières.

Art. 112. — Les objets de literie, les tapis, les vêtements qui ont été en contact avec les malades visés dans l'article précédent, doivent être immédiatement désinfectés. L'observation de cette règle est spécialement recommandée pour les vêtements des personnes qui approchent ces malades, et qui ont pu être souillés.

Ceux des objets ci-dessus qui n'ont pas de valeur doivent être, soit jetés à la mer, si le navire n'est pas dans un port ni dans un canal, soit détruits par le feu. Les autres doivent être portés à l'étuve dans des sacs imperméables lavés avec une solution désinfectante.

Art. 113. — Les locaux occupés par les malades, visés dans l'article 98, doivent être rigoureusement désinfectés.

Art. 114. — Les navires à pèlerins sont obligatoirement soumis à des opérations de désinfection conformes aux règlements en vigueur sur la matière dans le pays dont ils portent le pavillon.

Art. 115. — La quantité d'eau potable mise chaque jour gratuitement à la disposition de chaque pèlerin, quel que soit son âge, doit être d'au moins 5 litres.

Art. 116. — S'il y a doute sur la qualité de l'eau potable ou sur la possibilité de sa contamination, soit à son origine, soit au cours du trajet, l'eau doit être bouillie ou stérilisée autrement et le capitaine est tenu de la rejeter à la mer au premier port de relâche où il lui est possible de s'en procurer de meilleure.

Art. 117. — Le médecin visite les pèlerins, soigne les malades et veille à ce que, à bord, les règles de l'hygiène soient observées. Il doit notamment :

1° S'assurer que les vivres distribués aux pèlerins sont de bonne qualité, que leur quantité est conforme aux engagements pris, qu'ils sont convenablement préparés ;

2° S'assurer que les prescriptions de l'article 115 relatif à la distribution de l'eau sont observées ;

3° S'il y a doute sur la qualité de l'eau potable, rappeler par écrit au capitaine les prescriptions de l'article 116 ;

4° S'assurer que le navire est maintenu en état constant de propreté, et spécialement que les latrines sont nettoyées conformément aux prescriptions de l'article 110 ;

5° S'assurer que les logements des pèlerins sont maintenus salubres, et que, en cas de maladie transmissible, la désinfection est faite conformément aux articles 113 et 114 ;

6° Tenir un journal de tous les incidents sanitaires survenus au cours du voyage et présenter ce journal à l'autorité compétente du port d'arrivée.

Art. 118. — Les personnes chargées de soigner les malades atteints de peste ou de choléra peuvent seules pénétrer auprès d'eux et ne doivent avoir aucun contact avec les autres personnes embarquées.

Art. 119. — En cas de décès survenu pendant la traversée, le capitaine doit mentionner le décès en face du nom sur la liste visée par l'autorité du port de départ, et, en outre, inscrire sur son livre de bord le nom de la personne décédée, son âge, sa provenance, la cause présumée de la mort d'après le certificat du médecin et la date du décès.

En cas de décès par maladie transmissible, le cadavre, préalablement enveloppé d'un suaire imprégné d'une solution désinfectante, doit être jeté à la mer.

Art. 120. — Le capitaine doit veiller à ce que toutes les opérations prophylactiques exécutées pendant le voyage soient inscrites sur le livre de bord. Ce livre est présenté par lui à l'autorité compétente du port d'arrivée.

Dans chaque port de relâche, le capitaine doit faire viser par l'autorité compétente la liste dressée en exécution de l'article 107.

Dans le cas où un pèlerin est débarqué en cours de voyage, le capitaine doit mentionner sur cette liste le débarquement en face du nom du pèlerin.

En cas d'embarquement, les personnes embarquées doivent être mentionnées sur cette liste conformément à l'article **107** précité et préalablement au visa nouveau que doit apposer l'autorité compétente.

ART. 121. — La patente délivrée au port de départ ne doit pas être changée au cours du voyage.

Elle est visée par l'autorité sanitaire de chaque port de relâche. Celle-ci y inscrit :

1° Le nombre des passagers débarqués ou embarqués dans ce port ;

2° Les incidents survenus en mer et touchant à la santé ou à la vie des personnes embarquées ;

3° L'état sanitaire du port de relâche.

SECTION IV. — *Mesures à prendre à l'arrivée des pèlerins dans la mer Rouge.*

A. *Régime sanitaire applicable aux navires à pèlerins musulmans venant d'un port contaminé et allant du Sud vers le Hedjaz.*

ART. 122. — Les navires à pèlerins venant du Sud et se rendant au Hedjaz doivent, au préalable, faire escale à la station sanitaire de Camaran, et sont soumis au régime fixé par les articles 123 à 125.

ART. 123. — Les navires reconnus *indemnes* après visite médicale reçoivent libre pratique, lorsque les opérations suivantes sont terminées :

Les pèlerins sont débarqués ; ils prennent une douche-lavage ou un bain de mer ; leur linge sale, la partie de leurs effets à usage et de leurs bagages qui peut être suspecte, d'après l'appréciation de l'autorité sanitaire, sont désinfectés ; la durée de ces opérations en y comprenant le débarquement et l'embarquement, ne doit pas dépasser quarante-huit heures.

Si aucun cas avéré ou suspect de peste ou de choléra n'est constaté pendant ces opérations, les pèlerins seront réembarqués immédiatement et le navire se dirigera vers le Hedjaz.

Pour la peste, les prescriptions de l'article 24 et de l'article 25 sont appliquées en ce qui concerne les rats pouvant se trouver à bord des navires.

ART. 124. — Les navires *suspects*, à bord desquels il y a eu des cas de peste ou de choléra au moment du départ, mais aucun cas nouveau de peste ou de choléra depuis sept jours, sont traités de la manière suivante :

Les pèlerins sont débarqués ; ils prennent une douche-lavage ou un bain de mer ; leur linge sale, la partie de leurs effets à usage et de leurs bagages qui peut être suspecte, d'après l'appréciation de l'autorité sanitaire, sont désinfectés.

En temps de choléra, l'eau de la cale est changée.

Les parties du navire habitées par les malades sont désinfectées. La durée de ces opérations, en y comprenant le débarquement et l'embarquement, ne doit pas dépasser quarante-huit heures.

Si aucun cas avéré ou suspect de peste ou de choléra n'est constaté pendant ces opérations, les pèlerins sont réembarqués immédiatement, et le navire est dirigé sur Djeddah, où une seconde visite médicale a lieu à bord. Si son résultat est favorable, et sur le vu de la déclaration écrite des médecins du bord certifiant, sous serment, qu'il n'y a pas eu de cas de peste ou de choléra pendant la traversée, les pèlerins sont immédiatement débarqués.

Si, au contraire, un ou plusieurs cas avérés ou suspects de peste ou de choléra ont été constatés pendant le voyage ou au moment de l'arrivée, le navire est renvoyé à Camaran, où il subit de nouveau le régime des navires infectés.

Pour la peste, les prescriptions de l'article 22, 6°, sont appliquées en ce qui concerne les rats pouvant se trouver à bord des navires.

ART. 125. — Les navires *infectés*, c'est-à-dire ayant à bord des cas de peste ou de choléra, ou bien ayant présenté des cas de peste ou de choléra depuis sept jours, subissent le régime suivant :

Les personnes atteintes de peste ou de choléra sont débarquées et isolées à l'hôpital. Les autres passagers sont débarqués et isolés par groupes composés de personnes aussi peu nombreuses que possible, de manière que l'ensemble ne soit pas solidaire d'un groupe particulier si la peste ou le choléra venaient à s'y développer.

Le linge sale, les objets à usage, les vêtements de l'équipage et des passagers sont désinfectés ainsi que le navire. La désinfection est pratiquée d'une façon complète.

Toutefois, l'autorité sanitaire locale peut décider que le déchargement des gros bagages et des marchandises n'est pas nécessaire et qu'une partie seulement du navire doit subir la désinfection.

Les passagers restent cinq jours à l'établissement de Camaran. Lorsque les cas de peste ou de choléra remontent à plusieurs jours, la durée de l'isolement peut être diminuée. Cette durée peut varier selon l'époque de l'apparition du dernier cas et d'après la décision de l'autorité sanitaire.

Le navire est dirigé ensuite sur Djeddah, où est faite une visite médicale individuelle et rigoureuse. Si son résultat est favorable, le navire reçoit la libre pratique. Si, au contraire, des cas avérés de peste ou de choléra se sont montrés à bord pendant le voyage ou au moment de l'arrivée, le navire est renvoyé à Camaran, où il subit de nouveau le régime des navires infectés.

Pour la peste, le régime prévu par l'article 22 est appliqué en ce qui concerne les rats pouvant se trouver à bord des navires.

Art. 126. — Toute station sanitaire destinée à recevoir des pèlerins doit être pourvue d'un personnel instruit, expérimenté et suffisamment nombreux, ainsi que de toutes les constructions et installations matérielles nécessaires pour assurer l'application, dans leur intégralité, des mesures auxquelles lesdits pèlerins sont assujettis.

B. *Régime sanitaire applicable aux navires à pèlerins musulmans venant du Nord et allant vers le Hedjaz.*

Art. 127. — Si la présence de la peste ou du choléra n'est pas constatée dans le port de départ ni dans ses environs, et qu'aucun cas de peste ou de choléra ne se soit produit pendant la traversée, le navire est immédiatement admis à la libre pratique.

Art. 128. — Si la présence de la peste ou du choléra est constatée dans le port de départ ou dans ses environs, ou si un cas de peste ou de choléra s'est produit pendant la traversée, le navire est soumis, à El-Tor, aux règles instituées pour les navires qui viennent du Sud et qui s'arrêtent à Camaran. Les navires sont ensuite reçus en libre pratique.

SECTION V. — *Mesures à prendre au retour des pèlerins.*

A. *Navires à pèlerins retournant vers le Nord.*

ART. 129. — Tout navire à destination de Suez ou d'un port de la Méditerranée, ayant à bord des pèlerins ou masses analogues, et provenant d'un port du Hedjaz ou de tout autre port de la côte arabique de la mer Rouge, est tenu de se rendre à El-Tor, pour y subir l'observation et les mesures sanitaires indiquées dans les articles 133 à 135.

ART. 130. — Les navires ramenant les pèlerins musulmans vers la Méditerranée ne traversent le canal qu'en quarantaine.

ART. 131. — Les agents des Compagnies de navigation et les capitaines sont prévenus qu'après avoir fini leur observation à la station sanitaire de El-Tor, les pèlerins égyptiens seront seuls autorisés à quitter définitivement le navire pour rentrer ensuite dans leurs foyers.

Ne seront reconnus comme Égyptiens ou résidant en Égypte que les pèlerins porteurs d'une carte de résidence émanant d'une autorité égyptienne et conforme au modèle établi. Des exemplaires de cette carte seront déposés auprès des autorités consulaires et sanitaires de Djeddah et de Yambo, où les agents et capitaines de navires pourront les examiner.

Les pèlerins non égyptiens, tels que les Turcs, les Russes, les Persans, les Tunisiens, les Algériens, les Marocains, etc., ne peuvent, après avoir quitté El-Tor, être débarqués dans un port égyptien. En conséquence, les agents de navigation et les capitaines sont prévenus que le transbordement des pèlerins étrangers à l'Égypte soit à Tor, soit à Suez, à Port-Saïd ou à Alexandrie, est interdit.

Les bateaux qui auraient à leur bord des pèlerins appartenant aux nationalités dénommées dans l'alinéa précédent suivront la condition de ces pèlerins et ne seront reçus dans aucun port égyptien de la Méditerranée.

ART. 132. — Les pèlerins égyptiens subissent, soit à El-Tor, soit à Souakim, ou dans toute autre station désignée par le Conseil sanitaire d'Égypte, une observation de trois jours et une visite médicale, avant d'être admis en libre pratique.

Art. 133. — Si la présence de la peste ou du choléra est constatée au Hedjaz ou dans le port d'où provient le navire, ou l'a été au Hedjaz au cours du pèlerinage, le navire est soumis, à El-Tor, aux règles instituées à Camaran pour les navires infectés.

Les personnes atteintes de peste ou de choléra sont débarquées et isolées à l'hôpital. Les autres passagers sont débarqués et isolés par groupes composés de personnes aussi peu nombreuses que possible, de manière que l'ensemble ne soit pas solidaire d'un groupe particulier, si la peste ou le choléra venait à s'y développer.

Le linge sale, les objets à usage, les vêtements de l'équipage et des passagers, les bagages et les marchandises suspectes d'être contaminées sont débarqués pour être désinfectés. Leur désinfection et celle du navire sont pratiquées d'une façon complète.

Toutefois, l'autorité sanitaire locale peut décider que le déchargement des gros bagages et des marchandises n'est pas nécessaire, et qu'une partie seulement du navire doit subir la désinfection.

Le régime prévu par les articles 22 et 25 est appliqué en ce qui concerne les rats qui pourraient se trouver à bord.

Tous les pèlerins sont soumis, à partir du jour où ont été terminées les opérations de désinfection, à une observation de sept jours pleins, qu'il s'agisse de peste ou de choléra. Si un cas de peste ou de choléra s'est produit dans une section, la période de sept jours ne commence pour cette section qu'à partir du jour où le dernier cas a été constaté.

Art. 134. — Dans le cas prévu par l'article précédent, les pèlerins égyptiens subissent en outre une observation supplémentaire de trois jours.

Art. 135. — Si la présence de la peste ou du choléra n'est constatée ni au Hedjaz, ni au port d'où provient le navire, et ne l'a pas été au Hedjaz au cours du pèlerinage, le navire est soumis à El-Tor aux règles instituées à Camaran pour les navires indemnes.

Les pèlerins sont débarqués ; ils prennent une douche-lavage ou un bain de mer ; leur linge sale ou la partie de leurs effets à usage et de leurs bagages qui peut être suspecte, d'après l'appréciation de l'autorité sanitaire, sont désinfectés. La durée de ces opérations, y compris le débarquement et l'embarquement, ne doit pas dépasser soixante-douze heures.

Toutefois, un navire à pèlerins, appartenant à une des Nations ayant adhéré aux stipulations de la présente Convention et des Conventions antérieures, s'il n'a pas eu de malades atteints de peste ou de choléra en cours de route de Djeddah à Yambo et à El-Tor, et si la visite médicale individuelle, faite à El-Tor après débarquement, permet de constater qu'il ne contient pas de tels malades, peut être autorisé, par le Conseil sanitaire d'Égypte, à traverser en quarantaine le canal de Suez, même la nuit, lorsque sont réunies les quatre conditions suivantes :

1° Le service médical est assuré à bord par un ou plusieurs médecins commissionnés par le Gouvernement auquel appartient le navire ;

2° Le navire est pourvu d'étuves à désinfection, et il est constaté que le linge sale a été désinfecté en cours de route ;

3° Il est établi que le nombre des pèlerins n'est pas supérieur à celui autorisé par les règlements du pèlerinage ;

4° Le capitaine s'engage à se rendre directement dans un des ports du pays auquel appartient le navire.

La visite médicale après débarquement à El-Tor doit être faite dans le moindre délai possible.

La taxe sanitaire payée à l'Administration quarantenaire est la même que celle qu'auraient payée les pèlerins s'ils étaient restés trois jours en quarantaine.

Art. 136. — Le navire qui, pendant la traversée de El-Tor à Suez, aurait eu un cas suspect à bord, sera repoussé à El-Tor.

Art. 137. — Le transbordement des pèlerins est strictement interdit dans les ports égyptiens.

Art. 138. — Les navires partant du Hedjaz et ayant à leur bord des pèlerins à destination d'un port de la côte africaine de la mer Rouge sont autorisés à se rendre directement à Souakim, ou en tel autre endroit que le Conseil sanitaire d'Alexandrie décidera, pour y subir le même régime quarantenaire qu'à El-Tor.

Art. 139. — Les navires venant du Hedjaz ou d'un port de la côte arabique de la mer Rouge avec patente nette, n'ayant pas à bord des pèlerins ou masses analogues et qui n'ont pas eu d'accident suspect durant la traversée, sont admis en libre pratique à Suez, après visite médicale favorable.

Art. 140. — Lorsque la peste ou le choléra aura été constaté au Hedjaz :

1° Les caravanes composées de pèlerins égyptiens doivent, avant de se rendre en Égypte, subir une quarantaine de rigueur à El-Tor, de sept jours en cas de choléra ou de peste ; elles doivent ensuite subir à El-Tor une observation de trois jours, après laquelle elles ne sont admises en libre pratique qu'après visite médicale favorable et désinfection des effets ;

2° Les caravanes composées de pèlerins étrangers devant se rendre dans leurs foyers par la voie de terre sont soumises aux mêmes mesures que les caravanes égyptiennes et doivent être accompagnées par des gardes sanitaires jusqu'aux limites du désert.

Art. 141. — Lorsque la peste ou le choléra n'a pas été signalé au Hedjaz, les caravanes de pèlerins venant du Hedjaz par les routes de Akaba ou de Moïla sont soumises, à leur arrivée au canal ou à Nakhel, à la visite médicale et à la désinfection du linge sale et des effets à usage.

B. *Pèlerins retournant vers le Sud.*

Art. 142. — Il y aura dans les ports d'embarquement du Hedjaz des installations sanitaires assez complètes pour qu'on puisse appliquer aux pèlerins qui doivent se diriger vers le Sud pour rentrer dans leur pays les mesures qui sont obligatoires en vertu des articles 10 et 54, au moment du départ de ces pèlerins dans les ports situés au delà du détroit de Bab-el-Mandeb.

L'application de ces mesures est facultative, c'est-à-dire qu'elles ne sont appliquées que dans les cas où l'autorité consulaire du pays auquel appartient le pèlerin, ou le médecin du navire à bord duquel il va s'embarquer, les juge nécessaire.

CHAPITRE III

Pénalités.

Art. 143. — Tout capitaine convaincu de ne pas s'être conformé, pour la distribution de l'eau, des vivres ou du combustible, aux engagements pris par lui, est passible d'une amende de 2 livres turques (1). Cette amende est perçue au profit du pèlerin qui aurait été victime du manquement et qui établirait qu'il a en vain réclamé l'exécution de l'engagement pris.

Art. 144. — Toute infraction à l'article 101 est punie d'une amende de 30 livres turques.

Art. 145. — Tout capitaine qui a commis ou qui a sciemment laissé commettre une fraude quelconque concernant la liste des pèlerins ou la patente sanitaire, prévues à l'article 107, est passible d'une amende de 50 livres turques.

Art. 146. — Tout capitaine de navire arrivant sans patente sanitaire du port de départ, ou sans visa des ports de relâche, ou non muni de la liste réglementaire et régulièrement tenue suivant les articles 107, 120 et 121, est passible, dans chaque cas, d'une amende de 12 livres turques.

Art. 147. — Tout capitaine convaincu d'avoir ou d'avoir eu à bord plus de cent pèlerins sans la présence d'un médecin commissionné, conformément aux prescriptions de l'article 100, est passible d'une amende de 300 livres turques.

Art. 148. — Tout capitaine convaincu d'avoir ou d'avoir eu à son bord un nombre de pèlerins supérieur à celui qu'il est autorisé à embarquer, conformément aux prescriptions de l'article 107, est passible d'une amende de 5 livres turques par chaque pèlerin en surplus.

Le débarquement des pèlerins dépassant le nombre régulier est effectué à la première station où réside une autorité compétente, et le capitaine est tenu de fournir aux pèlerins débarqués l'argent nécessaire pour poursuivre leur voyage jusqu'à destination.

Art. 149. — Tout capitaine convaincu d'avoir débarqué des pèlerins dans un endroit autre que celui de leur destination, sauf leur consentement ou hors le cas de force majeure, est passible d'une amende de 20 livres turques par chaque pèlerin débarqué à tort.

---

(1) La livre turque vaut 22 fr. 50.

Art. 150. — Toutes autres infractions aux prescriptions relatives aux navires à pèlerins sont punies d'une amende de 10 à 100 livres turques.

Art. 151. — Toute contravention constatée en cours de voyage est annotée sur la patente de santé, ainsi que sur la liste des pèlerins. L'autorité compétente en dresse procès-verbal pour le remettre à qui de droit.

Art. 152. — Tous les agents appelés à concourir à l'exécution des prescriptions de la présente Convention en ce qui concerne les navires à pèlerins sont passibles de punitions conformément aux lois de leurs pays respectifs en cas de fautes commises par eux dans l'application desdites prescriptions.

TITRE IV

SURVEILLANCE ET EXÉCUTION

I. — *Conseil sanitaire, maritime et quarantenaire d'Égypte.*

Art. 153. — Sont confirmées les stipulations de l'annexe III de la Convention sanitaire de Venise du 30 janvier 1892, concernant la composition, les attributions et le fonctionnement du Conseil sanitaire, maritime et quarantenaire d'Égypte, telles qu'elles résultent des décrets de S. A. le Khédive en date du 19 juin 1893 et 25 décembre 1894, ainsi que de l'arrêté ministériel du 19 juin 1893.

Lesdits décrets et arrêté demeurent annexés à la présente Convention (annexe II).

Art. 154. — Les dépenses ordinaires résultant des dispositions de la présente Convention relatives notamment à l'augmentation du personnel relevant du Conseil sanitaire, maritime et quarantenaire d'Égypte, seront couvertes à l'aide d'un versement annuel complémentaire par le Gouvernement égyptien, d'une somme de quatre mille livres égyptiennes, qui pourrait être prélevée sur l'excédent du service des phares resté à la disposition de ce Gouvernement.

Toutefois il sera déduit de cette somme le produit d'une taxe quarantenaire supplémentaire de 10 P. T. (piastres tarif) par pèlerin, à prélever à El-Tor.

Au cas où le Gouvernement égyptien verrait des difficultés à supporter cette part dans les dépenses, les Puissances représentées au Conseil sanitaire s'entendraient avec le Gouvernement khédivial pour assurer la participation de ce dernier aux dépenses prévues.

Art. 155. — Le Conseil sanitaire, maritime et quarantenaire d'Égypte est chargé de mettre en concordance avec les dispositions de la présente Convention les règlements actuellement appliqués par lui concernant la peste, le choléra et la fièvre jaune, ainsi que le règlement relatif aux provenances des ports arabiques de la mer Rouge, à l'époque du pèlerinage.

Il revisera, s'il y a lieu, dans le même but, le règlement général de police sanitaire, maritime et quarantenaire présentement en vigueur.

Ces règlements, pour devenir exécutoires, doivent être acceptés par les diverses puissances représentées au Conseil.

II. — *Conseil sanitaire international de Tanger.*

Art. 156. — Dans l'intérêt de la santé publique, les Hautes Parties contractantes conviennent que leurs représentants au Maroc appelleront de nouveau l'attention du Conseil sanitaire international de Tanger sur la nécessité d'appliquer les stipulations des conventions sanitaires.

III. — *Dispositions diverses.*

Art. 157. — Le produit des taxes et des amendes sanitaires ne peut, en aucun cas, être employé à des objets autres que ceux relevant des Conseils sanitaires.

Art. 158. — Les Hautes Parties contractantes s'engagent à faire rédiger par leurs administrations sanitaires une instruction destinée à mettre les capitaines des navires, surtout lorsqu'il n'y a pas de médecin à bord, en mesure d'appliquer les prescriptions contenues dans la présente Convention en ce qui concerne la peste, le choléra et la fièvre jaune.

TITRE V

ADHÉSIONS ET RATIFICATIONS

Art. 159. — Les Gouvernements qui n'ont pas signé la présente Convention sont admis à y adhérer sur leur demande. Cette adhésion sera notifiée par la voie diplomatique au Gouvernement de la République française et, par celui-ci, aux autres Gouvernements signataires.

Art. 160. — La présente Convention sera ratifiée et les ratifications en seront déposées à Paris aussitôt que faire se pourra.

Elle sera mise à exécution dès que la publication en aura été faite conformément à la législation des États signataires. Elle remplacera, dans les rapports respectifs des Puissances qui l'auront ratifiée ou y auront accédé, les Conventions sanitaires internationales signées les 30 janvier 1892, 15 avril 1893, 3 avril 1894, 19 mars 1897 et 3 décembre 1903.

Les arrangements antérieurs énumérés ci-dessus demeureront en vigueur à l'égard des Puissances qui, les ayant signés ou y ayant adhéré, ne ratifieraient pas le présent acte ou n'y accéderaient pas.

En foi de quoi les plénipotentiaires respectifs ont signé la présente convention et y ont apposé leurs cachets.

Fait à Paris, le dix-sept janvier mil neuf cent douze, en un seul exemplaire qui restera déposé dans les Archives du Gouvernement de la République française et dont des copies, certifiées conformes, seront remises par la voie diplomatique aux Puissances contractantes.

(*Suivent les signatures des plénipotentiaires.*)

ANNEXE I (*)

(*Voir article* 82)

RÈGLEMENT RELATIF AU TRANSIT, EN TRAIN QUARANTENAIRE, PAR LE TERRITOIRE ÉGYPTIEN, DES VOYAGEURS ET DES MALLES POSTALES PROVENANT DES PAYS CONTAMINÉS,

. . . .

ANNEXE II (*)

(*Voir article* 153).

DÉCRET KHÉDIVIAL DU 19 JUIN 1893.

. . . .

DÉCRET KHÉDIVIAL DU 25 DÉCEMBRE 1894.

. . . .

ARRÊTÉ MINISTÉRIEL DU 19 JUIN 1893 CONCERNANT LE FONCTIONNEMENT DU SERVICE SANITAIRE, MARITIME ET QUARANTENAIRE.

(*) Le texte de cette annexe est identique à celui qui figure en annexe de la Convention sanitaire internationale du 3 décembre 1903 actuellement en vigueur entre les Gouvernements qui l'ont signée ou y ont adhéré.

www.ingramcontent.com/pod-product-compliance
Lightning Source LLC
LaVergne TN
LVHW010058230826
846091LV00005B/1989

* 9 7 8 2 0 1 3 3 7 2 6 1 9 *